Als Bibeltext ist zugrundegelegt:
*Die Bibel. Die Heilige Schrift
des Alten und Neuen Bundes
Vollständige deutsche Ausgabe*
© *Verlag Herder Freiburg im Breisgau 2005*

AΩ
DIE BIBEL

Die Schreibweise der biblischen Namen
folgt den „Loccumer Richtlinien".

Umschlaggestaltung: Sandra Hacke, Dachau
Layout und Satz: Nadine Clemens, München
Fachlektorat: Martina Jung
Druck: Graspo, Zlín
Printed in the Czech Republic

Gedruckt auf umwelfreundlichem,
chlorfrei gebleichtem Papier

ISBN 978-3-451-71591-4

Ursel Scheffler

Meine schönsten Gleichnisse aus der Bibel

für Kinder erzählt

Mit Illustrationen
von Franziska Harvey

HERDER

FREIBURG · BASEL · WIEN

Mit * gekennzeichnete Begriffe werden
im Glossar näher erklärt.

Inhalt

Wie alles angefangen hat ...   9

Der barmherzige Samariter   12
Der verlorene Sohn   20
Das verlorene Schaf   28
Die Arbeiter im Weinberg   31
Der Pharisäer und der Zöllner   34
Das Kamel und das Nadelöhr   37
Vom Senfkorn und vom Sauerteig   39
Der Schatz im Acker und die kostbare Perle   42
Die anvertrauten Talente   45
Der unbarmherzige Gläubiger   49
Der Sämann   52
Der reiche Kornbauer   55
Das Festmahl   58
Die zehn Brautjungfern   62

Glossar   67

Wie alles angefangen hat ...

Vor 2000 Jahren, als Jesus in Palästina lebte, gab es noch kein Handy, kein Fernsehen und kein Internet. So mussten die Menschen alle wichtigen Dinge mündlich weitererzählen. Nachrichten verbreiteten sich auf dem Marktplatz, auf dem Bazar, bei den Nachbarn – und bei den Juden in Jerusalem vor allem vor und nach dem Tempelbesuch.

Lesen und schreiben konnten nur wenige. Das waren vor allem die Priester und Schriftgelehrten, zum Beispiel die Pharisäer*. Das waren Männer, die die jüdische Religion und ihre Vorschriften besonders gut kannten. Kein Wunder: Sie hatten die Bücher Mose zur Übung immer wieder abgeschrieben. Natürlich mit der Hand, denn Drucker und Schreibmaschinen gab es damals auch noch nicht. Sie schrieben auch nicht auf Papier, sondern malten die Buchstaben sorgfältig auf Pergament. Diese Texte waren so kostbar, dass sie auf Rollen gewickelt und in besonderen Behältern aufbewahrt wurden. So steckten die fünf Bücher Mose, die Tora* der Juden, in fünf Tongefäßen.

Heute stellen die meisten Leute Bücher nach dem Lesen achtlos ins Bücherregal. Sie haben sie „ausgelesen". Viele Kinder allerdings lesen Bücher öfter als einmal und spüren: Erst wenn man ein Buch mehrfach liest, „besitzt" man es wirklich. So ähnlich ist es auch mit den Geschichten in der Bibel. Die muss man auch öfter lesen, um sie zu verstehen.

In der Zeit, in der Jesus lebte, gab es noch keine Schulen, so wie wir sie heute kennen. Viele Kinder und auch die meisten große Leute konnten daher weder lesen noch schreiben. Lesen, schreiben und diskutieren lernte man bei den klugen Männern im Tempel. Von klugen Frauen redete damals keiner. Aber selbstverständlich gab es die auch, denn ohne kluge Mütter wären auch keine klugen Kinder aufgewachsen.

Vielleicht kennt ihr schon die Geschichte, in der Jesus mit zwölf Jahren die Schriftgelehrten im Tempel mit seinen Antworten und klugen Fragen verblüfft hat? Lukas erzählte noch über 50 Jahre später beeindruckt davon (Lukas 2,41).

Wenn Jesus durchs Land zog und predigte, freute er sich immer, wenn auch Kinder zuhörten. „Lasst die Kinder zu mir kommen!", forderte er die Erwachsenen auf. Und er versuchte, seine Botschaft vom Reich Gottes so zu erklären, dass sie auch einfache, ungebildete Leute wie Handwerker, Bauern oder Viehhirten verstanden. Sie alle hörten ihm gespannt zu, wenn er vom Reich Gottes erzählte. Denn Jesus wählte gern bildhafte Geschichten und Gleichnisse aus ihrem Alltag.

Aber selbst die superklugen Schriftgelehrten hatten manchmal ein Brett vor dem Kopf. Zum Beispiel wenn sie nicht verstehen wollten, dass man Gottes Botschaft nicht nur mit dem Verstand und strengen Regeln, sondern vor allem mit ganzem Herzen und allen Sinnen begreifen muss.

Als die Jünger ihn einmal fragten: „Warum redest du zu den Menschen in Gleichnissen?", antwortete Jesus:

Euch ist es gegeben, die Geheimnisse des Himmelreichs zu verstehen, jenen aber ist es nicht gegeben [...]. Deshalb rede ich zu ihnen in Gleichnissen, weil sie sehen und doch nicht sehen und hören und doch nicht hören und nichts verstehen (Matthäus 13,10).

Gleichnisse sind Geschichten, die so nicht wirklich passiert sind. Sie sollen an einem einfachen Beispiel aus dem Alltag etwas Kompliziertes verständlich erklären. Jesus wählte deshalb so einprägsame Bildergeschichten, damit seine Jünger sie sich gut merken und ihren Nachfolgern weitererzählen konnten.

Uns sind Jesu Gleichnisse im Neuen Testament, vor allem in den Evangelien*büchern des Matthäus, Markus und Lukas überliefert. Ihr werdet feststellen, dass ihr die Geschichten, wenn ihr sie erst mal gehört oder gelesen habt, nicht so schnell vergessen werdet. So wirken die Gleichnisse bis heute nach, zum Beispiel die Geschichte vom barmherzigen* Samariter ...

sunken –, an dem Mann vorbeiging, richtete der sich plötzlich auf, riss die Hände hoch und krächzte verzweifelt: „Zu Hilfe! Räuber! Überfall ...!"

Der fromme Mann erschrak. Was war das? Der Teufel? Ein Gespenst? Ein Überfall? Er rannte in panischer Angst davon.

Erschöpft und entmutigt sank der Verletzte wieder zurück in den Staub am Wegrand. War das das Ende?

Als er die Hoffnung auf Rettung schon fast aufgegeben hatte, hörte er Hufschlag. Ein Mann auf einem Maultier näherte sich auf der staubigen Straße. Es war ein Handelsreisender aus Samaria, der von einer Geschäftsreise aus Jerusalem zurückkam. Als er die Jammergestalt am Wegrand liegen sah, hielt er sein Maultier an, stieg ab und ging zu dem Verletzten hin. Er sprach ein paar tröstende Worte und strich dem Mann über den Kopf. Dann holte er Öl und Wein aus der Satteltasche seines Maultieres. Er gab dem halb Verdursteten zu trinken, reinigte seine Wunden und verband sie.

„Danke", sagte der Verletzte matt, nachdem er getrunken hatte, und erzählte in kurzen Worten von dem Überfall.

„Wir sollten sehen, dass wir schnellstens hier wegkommen", sagte der Retter. „Schaffst du es, auf mein Maultier zu klettern?"

Der Mann nickte.

14

„Wer bist du? Und woher kommst du?", fragte der Verletzte, während sie gemeinsam zu dem Maultier wankten.

„Ich bin ein Kaufmann aus Samaria und wollte von Jerusalem nach Jericho. Weil ich es heute eilig hatte, habe ich die Abkürzung durch die Berge gewählt."

„Mein Glück", seufzte der Mann – und dann zog er sich mit letzter Kraft in den Sattel des Maultieres.

„Halte dich gut fest!", rief der Samariter* und dann schnalzte er mit der Zunge. Das Maultier trabte los. Der Kaufmann lief nebenher. Wie gut, dass der Weg jetzt bergab ging. So erreichten sie wenig später die Herberge am Ende der Wegstrecke.

Es war eine Karawanserei*, die von einer schützenden Mauer umgeben war. Im Innenhof lagerten schon andere Reisende mit ihren Kamelen und Eseln.

„Hast du noch Platz für uns und ein Lager für meinen verletzten Freund?", fragte der Samariter den Wirt. Dieser wies auf einen schattigen Platz in einer Mauernische, in der ein Strohlager hergerichtet war.

„Hier sind wir sicher", sagte der Samariter, als er am Abend noch einmal die Wunden versorgte. Er deutete auf das große Tor in der Mauer, das der Wirt jetzt verschloss. „Ich werde bis morgen früh bei dir bleiben."

„Und was ist mit deinen Geschäften?", fragte der Verletzte erschöpft.

„Dein Leben ist wichtiger als Geschäfte", sagte der Samariter. „Und morgen sehen wir weiter ..."

Als am nächsten Morgen die ersten Sonnenstrahlen über die Mauer in den Innenhof der Karawanserei fielen, erwachte der Samariter. Sein erster Gedanke galt dem verletzten Mann. Erleichtert stellte er fest, dass es ihm schon etwas besser ging. Er erneuerte den Verband am Kopf. Die Wunden hatten sich nicht entzündet.

„Ich hab auch keine Kopfschmerzen mehr", sagte der Mann und lächelte matt. Er bedankte sich vielmals bei seinem Retter.

„Ich muss jetzt weiter", sagte der Samariter. „Auf der Rückreise komme ich wieder vorbei. Ich werde den Wirt bitten, sich so lange um dich zu kümmern!"

Ehe er ging, sprach er mit dem Wirt, dem er am Vorabend schon die Geschichte vom Überfall erzählt hatte. Er gab ihm zwei Silber-Denare* und sagte: „Sorge gut für ihn. Und wenn du mehr für ihn brauchst, werde ich dafür bezahlen, wenn ich zurückkomme."

„Ich kümmere mich um ihn", versprach der Wirt.

Als der Samariter auf seinem Maultier aus dem Tor der Karawanserei ritt, sah der Wirt ihm kopfschüttelnd nach und murmelte: „Ein Samariter! Ausgerechnet ein Samariter. Wer hätte das gedacht?"

Warum erzählt Jesus dieses Gleichnis?

Die Geschichte vom barmherzigen Samariter hat Jesus erzählt, als ihm einer der Schriftgelehrten eine Falle stellen wollte und scheinheilig fragte: „Meister, was muss ich tun, um das ewige Leben zu erlangen?" Der Mann erwartete von Jesus eine Antwort, die gegen das strenge religiöse Gesetz der Juden verstieß. Damit wollte er sich bei den Gesetzeswächtern über Jesus beschweren.

Aber Jesus ließ sich nicht hereinlegen. Er antwortete mit einer Gegenfrage: „Was steht denn im Gesetz geschrieben? Was liest du dort?"

Der gelehrte Mann konnte den Text auswendig und antwortete schnell:

„Du sollst den Herrn, deinen Gott, lieben mit deinem ganzen Herzen und mit deiner ganzen Seele und mit deiner ganzen Kraft und deinem ganzen Denken und deinen Nächsten wie dich selbst."

Da sagte Jesus zu ihm: „Siehst du, du hast die Antwort selbst gegeben. Halte dich daran, dann erlangst du das ewige Leben."

Damit war der Mann natürlich nicht zufrieden. Er wollte Jesus doch in eine Falle locken! Also bohrte er weiter und fragte hartnäckig: „Sag, wer ist mein Nächster? Mein Nachbar? Meine Familienangehörigen? Mein Freund? Der, der meine Sprache spricht? Der, der meinem Volk angehört – oder derjenige, der den gleichen Gauben hat wie ich?"

Der Mann wusste, dass sich Jesus oft mit Menschen traf, die von den strenggläubigen Juden verachtet wurden, weil sie einen anderen Glauben hatten. Oder weil sie aus einem anderen Grund aus der Gemeinschaft ausgeschlossen wurden. Jetzt hoffte er, dass Jesus sagen würde: „Auch diese Menschen sind deine Nächsten." Dann hätte er ihn dafür anklagen können, denn das war gegen das geltende religiöse Gesetz.

Jesus beantwortet diese gefährliche Frage sehr geschickt mit dem Gleichnis vom barmherzigen Samariter. Die Personen, die darin vorkommen, wählt Jesus mit Bedacht. Da sind zum einen zwei fromme Männer, die an dem Verletzten vorbeigehen, ohne ihm zu helfen: ein Levit und ein Pharisäer. Beides angesehene Männer, die die religiösen Gesetze streng beachten und eigentlich ein Vorbild dafür sein sollten, wie man sich richtig verhält. Und dann kommt der von der Gesellschaft verachtete Samariter*. Er hält an und kümmert sich um den Verletzten. Ein echtes Beispiel für Nächstenliebe.

Dazu muss man wissen, dass die Samarier oder Samariter von den strenggläubigen Juden in Judäa ausgegrenzt wurden. Sie waren nämlich der Meinung, dass die Juden im Nachbarland Samaria die Glaubensregeln nicht so gut einhielten wie sie selbst, die regelmäßig den Tempel in Jerusalem besuchten. Sie bestraften sie mit Geringschätzung. Sie verwehrten ihnen sogar zeitweise den Tempelbesuch. Wenn man diesen Hintergrund kennt, versteht man auch, warum sich der Wirt über den hilfsbereiten Mann wundert und sagt: „Ausgerechnet ein Samariter!"

Also ausgerechnet ein Samariter hilft dem Verletzten und zeigt dadurch, was Nächstenliebe bedeutet.

Nachdem Jesus das Gleichnis erzählt hat, fragte er den gesetzeskundigen Mann, der ihm eine Falle stellen wollte: „Wer war also der Nächste von dem Verwundeten?"

Der Mann antwortete ganz verdattert: „Der, der ihm geholfen hat."

Und damit bekennt der fromme Mann selbst, dass ausgerechnet der verachtete Samariter als Einziger richtig gehandelt hat.

Die Zuhörer sehen sich verwundert an. Wer hätte das gedacht?

Aber die Botschaft Jesu haben alle verstanden: Es kommt darauf an, wie wir uns verhalten! Wer anderen hilft, die in Not sind, der handelt so, wie Gott es will. Es ist wichtig, dass wir sehen, wenn jemand Hilfe braucht, und dass wir uns dann um ihn kümmern.

Heute ist „Samariter" bei uns ein wunderbares Lob für jemanden, der einem anderen selbstlos hilft. Diesen Bedeutungswandel verdankt das Wort dem Gleichnis vom barmherzigen Samariter.

Der verlorene Sohn

Lukas 15,11–32

Auf dem großen Bauernhof im Jordantal waren schon seit Sonnenaufgang alle fleißig an der Arbeit. Es war Erntezeit, und da gab es viel zu tun: für die Knechte und Mägde und auch für die Tagelöhner*, die als Erntehelfer eingestellt waren. Der älteste Sohn des Bauern war schon draußen auf der Weide bei den Rindern, weil eine Kuh kalbte.

„Ist das nicht ein prächtiges Kälbchen?", sagte er stolz zu seinem Vater, der gerade dazukam. Liebevoll streichelte er das Kleine, das zum ersten Mal auf eigenen wackeligen Beinen stand.

„Ja, es ist ein besonders schönes und kräftiges Kälbchen!", bestätigte der Vater. „Es soll unser neues Mastkalb* sein."

Es war damals üblich, besonders kräftige Kälbchen auch dann noch weiter

mit Milch zu ernähren, wenn seine Geschwister schon Heu und Gras fraßen. So wurde sein Fleisch besonders zart und saftig. Man verspeiste es dann als Festtagsbraten zu einem ganz besonderen Anlass.

„Vielleicht ist es ja für meine Hochzeit", dachte der junge Bauer, als er das Kälbchen in den Stall brachte, weil die Sonne um die Mittagszeit so heiß herunterbrannte.

Der alte Bauer ging zum Hof zurück. Das Küchenfenster stand offen. Man hörte das Klappern von Töpfen und Tellern. Das Mittagessen wurde schon vorbereitet. An der Haustür begegnete der Bauer seinem jüngsten Sohn.

„Na, hast du endlich den Weg aus dem Bett gefunden?", fragte der Vater mit gerunzelter Stirn.

Der Sohn sah seinen Vater an und sagte: „Vater, wir müssen reden!" Dann zog er seinen Vater beiseite und erklärte ihm, dass das Leben auf dem Bauernhof ganz und gar nicht sein Ding sei. „Es ist mir alles zu eng und zu schmutzig hier. Und anstrengend ist es obendrein! Ich will nicht von morgens bis abends schuften. Ich will in die Welt hinaus und das Leben genießen!", sagte er.

„Das ist jetzt nicht dein Ernst?", rief der Vater überrascht.

„Doch! Mein Bruder kann sowieso alles besser. Er ist kräftiger und geschickter als ich. Ihr kommt gut ohne mich zurecht. Und später gehört der Hof sowieso ihm", fügte der junge Mann trotzig hinzu.

„Ja, wenn du das so siehst", sagte der Vater ernst. „Dann müssen wir wirklich reden!"

Nach einem längeren, ernsten Gespräch sah der Vater ein, dass er seinen jüngsten Sohn nicht halten konnte. Auf seine Bitte hin zahlte er seinem Sohn vorab einen Teil des Erbes aus.

Als das geregelt war, packte der junge Mann alles Nötige zusammen, holte sein Pferd aus dem Stall und ritt in die weite Welt hinaus, wie er es sich gewünscht hatte …

Die Reise verlief abenteuerlich und spannend. Einmal entging er mit knapper Not einem Überfall. Dabei verlor der junge Mann zum Glück nicht sein Leben, sondern nur sein Pferd. Er wanderte zu Fuß in die nächste Stadt. Wie gut, dass er sein Geld im Stiefel versteckt und in der Jacke eingenäht hatte.

So ging es ihm gut, und er konnte das Stadtleben in vollen Zügen genießen. Schnell hatte er viele Freunde gefunden, die ihm halfen, sein Vermögen mit Essen, Trinken, Glücksspiel und hübschen Mädchen durchzubringen. Eine Weile lebte er so in Saus und Braus.

Doch eines Tages waren seine Taschen leer. Zu allem Überfluss kam nach einem außergewöhnlich dürren Sommer eine Hungersnot über das Land. Da ging es dem jungen Mann sehr schlecht. Er war plötzlich allein und ohne Geld in der Fremde! Er suchte verzweifelt nach einer Arbeit, um zu überleben. Aber das war gar nicht so einfach. Viele Leute suchten nach Arbeit, genau wie er. Und von seinen alten „Freunden" ließ sich längst keiner mehr blicken.

Als die Jobsuche in der Stadt erfolglos blieb, ging er aufs Land. Aber auch dort wies man ihm überall die Tür. Die Erntezeit war vorbei, und man konnte keine zusätzlichen Esser auf dem Bauernhof gebrauchen. Schließlich flehte er einen Schweinezüchter an, dass er ihn wenigstens als Schweinehirt anstellte. Der Bauer zeigte sich gnädig, und er durfte neben den grunzenden Ferkeln im Stroh schlafen.

Tiefer konnte man nicht sinken, denn Schweine galten bei den Juden als unreine Tiere. Ihr Fleisch war nicht koscher* und durfte nicht verzehrt werden. Aber der hungrige junge Mann dachte nicht einmal im Traum an Schweinebraten! Er wollte wenigstens von den Futterschoten essen, die die Schweine zum Fressen in den Trog bekamen. Aber selbst das verweigerte man ihm.

Verzweifelt, abgemagert, hungrig und in zerrissenen Klamotten hockte er im fahlen Mondlicht neben dem Schweinekoben* und grübelte. Er blickte zurück auf sein Leben und erkannte, dass er große Fehler gemacht hatte.

„Selbst den ärmsten Tagelöhnern meines Vaters geht es besser als mir!", murmelte er halblaut. „Ehe ich vor Hunger sterbe, will ich zu meinem Vater zurückkehren und ihm sagen, dass ich bereue, was ich getan habe. Ich werde sagen: „Vater, ich habe mich gegen dich und den Himmel versündigt. Ich bin es nicht mehr wert, dein Sohn zu sein. Mach mich zu einem deiner Tagelöhner."

Noch in der gleichen Nacht machte sich der verzweifelte Sohn auf den Heimweg. Er lief Tag und Nacht, bis seine Schuhsohlen durchgelaufen waren. Dann ging er barfuß weiter. Je näher er dem Hof des Vaters kam, desto langsamer wurden seine Schritte und desto lauter klopfte sein Herz. Er schämte sich so! Was würde der Vater sagen?

Der Vater hatte während seiner Abwesenheit ununterbrochen an den „verlorenen Sohn" gedacht. Er hatte die Hoffnung nie aufgegeben, dass er eines Tages zurückkommen würde. Und als er eines Abends die magere, zerlumpte Gestalt in der Ferne auf dem Hügel hinter den Ställen entdeckte, wusste er sofort: Er ist es! Sein Sohn kommt zurück!

Glücklich ließ der Vater alles stehen und liegen, breitete die Arme aus und lief auf den Sohn zu, den er so sehr vermisst hatte.

Als der Sohn wieder Worte fand, sagte er – genau, wie er es sich unterwegs vorgenommen hatte: „Vater, ich habe mich gegen den Himmel und gegen dich versündigt. Ich bin es nicht mehr wert, dein Sohn zu sein! Mach mich zu einem deiner Tagelöhner!"

„Willkommen zu Hause!", sagte der Vater, legte den Arm auf die Schulter seines Sohnes und führte ihn zum Haus. Dort riss er die Tür weit auf und rief seinen Knechten und Mägden vergnügt zu: „Hört doch! Mein Sohn ist zurück! Bereitet ein Bad für ihn

und holt die schönsten Kleider. Steckt ihm einen Ring an den Finger und zieht ihm Schuhe an!"

Während die Mägde eilig ins Haus liefen, schickte der Vater die Knechte auf die Weide: „Holt das Mastkalb und bereitet einen Festbraten", befahl er gut gelaunt. „Wir wollen essen und fröhlich sein! Denn mein jüngster Sohn war tot und lebt wieder; er war verloren und ist wiedergefunden worden!"

Von alldem ahnte der älteste Sohn nichts. Er war weit draußen bei den Arbeitern auf dem Feld. Es gab viel zu tun. Die Äcker mussten gepflügt und für die Wintersaat vorbereitet werden. Als er heimging und in die Nähe des Hauses kam, hörte er lautes Lachen, Musik und Tanz. Er winkte den Küchenjungen heran, der gerade aus dem Kräutergarten kam: „Sag, was hat das alles zu bedeuten?", fragte er ihn erstaunt.

Der Junge starrte ihn mit hochroten Wangen an, presste den Kräuterkorb fest an sich und stotterte: „Da-da-das weißt du noch nicht? Dein Bruder ist zurückgekommen! Euer Vater ist vor Freude und Glück ganz aus dem Häuschen! Wir bereiten ein großes Festmahl vor. Er hat gerade dem Großknecht befohlen, das Mastkalb zu schlachten, das wir so liebevoll großgezogen haben!"

Als der große Bruder das hörte, platzte ihm der Kragen. Wütend war er, eifersüchtig und zornig. Und als jetzt der Vater lachend aus dem Haus kam und ihn bat, die Rückkehr seines Bruders mitzufeiern, da weigerte er sich, ins Haus zu kommen, und rief empört: „So viele Jahre habe ich dir gedient, Vater! Ich habe geschuftet für zwei. Nie habe ich gegen deinen Willen gehandelt. Aber mir hast du nicht einmal einen Ziegenbock spendiert, damit ich mit Freunden ein Fest feiern konnte. Kaum aber

25

kommt er zurück – er, der sein Erbe verjubelt und verprasst hat, da schlachtest du das Mastkalb!"

Der Vater erwiderte: „Ich kann deinen Zorn verstehen. Aber sieh, mein Sohn: Du bist immer bei mir gewesen, und alles, was mir gehört, gehört auch dir. Daran ändert sich nichts! Aber jetzt müssen wir uns doch freuen und feiern; denn dein Bruder war tot und lebt wieder. Er war verloren und ist wiedergefunden worden!"

Warum erzählt Jesus dieses Gleichnis?

Jesus erzählte diese Geschichte vom verlorenen Sohn, als er einmal auf dem großen Platz in der Nähe des Tempels vor einer großen Menschenmenge predigte. Da standen auch Leute, die nicht gerade den besten Ruf hatten wie zum Beispiel Zöllner*, Schmuggler, Taschendiebe oder Mädchen, die nachts in den Kneipen arbeiteten.

Da kamen einige Pharisäer* und andere gelehrte Männer aus dem Tempel dazu und regten sich über das wenig ehrbare Publikum auf.

Sie lästerten laut: „Was fällt diesem Jesus ein! Er gibt sich mit Sündern ab. Und wie man hört, setzt er sich sogar mit ihnen an einen Tisch!"

Ein Pharisäer stellte sich direkt vor Jesus hin und rief: „Du begibst dich in schlechte Gesellschaft. Das ist gegen unsere Anstandsregeln und das Gesetz!"

Als Jesus diese Vorwürfe hörte, antwortete er gleich mit mehreren Gleichnissen. Eines davon war die Geschichte vom verlorenen Sohn; ein anderes das berühmte Gleichnis vom verlorenen Schaf, das anschließend erzählt wird. In beiden Geschichten geht es darum, niemanden aufzugeben – und über die Freude darüber, dass jemand, der verloren schien, wieder zurückgefunden hat. Wenn man die Geschichte vom verlorenen Sohn das erste Mal hört, kann man die Wut des großen Bruders verstehen. Er findet das Verhalten des Vaters ungerecht und denkt empört: „Wieso wird mein Bruder auch noch dafür belohnt, dass er einfach abgehauen ist, während ich zu Hause schuften musste?"

Aber der jüngere Bruder hat eine schlimme Zeit hinter sich. Er hat sein Verhalten zutiefst bereut und eingesehen, dass er falsch gehandelt hat. Er ist verzweifelt und braucht jetzt Hilfe. Wie gut, dass ihn sein Vater mit offenen Armen aufnimmt.

Jesus will seinen Zuhörern erklären, dass auch Gott einem Menschen verzeiht, der auf den falschen Weg geraten ist, wenn er das von ganzem Herzen bereut. Es geht um Vergeben und Verzeihen.

Auch in Familien kümmert man sich glücklicherweise meist um ein Sorgenkind besonders. Und oft sind dann die Geschwister eifersüchtig, weil sie weniger Aufmerksamkeit bekommen, obwohl sie doch alles richtig machen. Aber dieses Gleichnis unterstreicht, wie wichtig es ist, dass man den „verlorenen Sohn" oder die „verlorene Tochter" mit offenen Armen aufnimmt, für das Kind da ist und ihm hilft, sich wieder im Leben zurechtzufinden.

Gott ist es ganz wichtig, dass keiner verloren geht. Und Jesus betont immer wieder, dass ihm „die Verlorenen" ganz besonders am Herzen liegen, also die Menschen, die schon viele Fehler in ihrem Leben gemacht haben und deswegen am Rande der Gesellschaft stehen.

Dass Jesus sich um sie kümmert, sie einlädt und sich sogar mit ihnen an einen Tisch setzt, das können die Pharisäer nicht verstehen! Sie sind neidisch – wie der größere Bruder im Gleichnis vom verlorenen Sohn, der folgsam war und alles richtig gemacht hat. Deshalb erzählt Jesus anschließend noch ein weiteres Gleichnis: das vom verlorenen Schaf.

Das verlorene Schaf

Lukas 15,1–7

Ein Hirte war mit seiner Schafherde in der Steppe unterwegs. Es war Sommer, und der Boden war hart und trocken. Die Schafe mussten weit laufen, um ein wenig halbwegs frisches Gras zu finden. Das war immer eine anstrengende Zeit für den Hirten, denn er hatte eine große Herde: Über hundert Schafe mussten beaufsichtigt werden. Eines Tages, als er schon ein ganzes Stück mit der Herde weitergezogen war, bemerkte er, dass eines der jungen Lämmchen fehlte. Er machte sich Sorgen. War das übermütige Kleine auf die Felsen geklettert und abgestürzt? Oder hatte es sich verlaufen? Vielleicht war es verletzt?

Der Hirte hatte keine ruhige Minute mehr. Am Abend sicherte er den Rest der Herde in einem Pferch* und befahl den Hütejungen und Hunden, gut auf sie aufzupassen. Dann machte er sich auf die Suche.

Es wurde schon dunkel, und einmal stürzte er beinahe ab. Der Schafhirte beschloss, unter einem Baum zu rasten, bis es wieder hell wurde.

Beim ersten Tageslicht suchte er weiter. Endlich hörte er es in der Ferne blöken und fand das kleine Schaf. Es hatte sich mit seinem Fell in einer Dornenhecke verfangen und jammerte kläglich. Wie es sich freute, als der Hirte vorsichtig die Wolle aus den Dornen löste. Es leckte dankbar sein Gesicht und seine Hand. Der Hirte gab dem Schäfchen an der nächsten Quelle zu trinken. Dann legte er es über seine Schultern und trug es zu dem Platz zurück, wo die anderen Schafe gerade aus dem Schlaf erwachten. Das kleine Schaf auf den Schultern des Hirten dagegen war erschöpft eingeschlafen.

Behutsam hob der Hirte das kleine Lamm herunter und legte es auf seinen warmen Umhang.

Zu Hause im Dorf lief er zu seinen Freunden und Nachbarn und rief: „Freut euch mit mir, denn ich habe das Schaf wiedergefunden, das verloren gegangen war!"

Warum erzählt Jesus dieses Gleichnis?

Genau wie im Gleichnis vom verlorenen Sohn will Jesus auch mit diesem Gleichnis klarmachen: Wenn sich jemand verirrt hat, so wie das Schaf, dann soll man ihn nicht aufgeben, sondern ihm vielmehr helfen, wieder auf den rechten Weg zu finden.

Weil Jesus sich nicht immer so verhielt, wie es die strengen Vorschriften der Tora und der Schriftgelehrten im Tempel vorgaben, wurde er immer wieder mit den Worten kritisiert: „Er lässt sich mit Sündern ein! Dann ist er selbst einer!"

Jesus dagegen war der Meinung, dass Menschen, die sich „verirrt" haben, also einmal vom richtigen Weg im Leben abgekommen sind, keine schlechten Menschen sind, sondern dass man sich im Gegenteil besonders um sie kümmern muss. Deshalb sagt er am Ende des Gleichnisses zu den Pharisäern: „Wie dieser Hirte wird sich Gott im Himmel über jeden einzelnen Sünder freuen, der umkehrt und auf den richtigen Weg zurückfindet. Mehr noch als über neunundneunzig Gerechte, die das nicht nötig haben."

Die Arbeiter im Weinberg

Matthäus 20,1–16

Zur Zeit der Weinlese ging es immer hoch her in den Weingütern am Jordan. Da wurden viele fleißige Erntehelfer gebraucht. Und da es damals noch kein Arbeitsamt oder Jobcenter gab, die die Arbeitskräfte an die Weinbauern vermittelten, versammelten sich alle Leute, die Arbeit suchten, einfach mitten im Ort auf dem Marktplatz oder vor dem Tempel und warteten darauf, angeheuert zu werden.

Ein Gutsbesitzer machte sich schon am frühen Morgen auf den Weg, um auf dem Markt Arbeiter für seinen Weinberg anzuwerben. Er verhandelte mit ihnen über den Arbeitslohn. Und sie einigten sich schnell auf einen Denar* pro Tag. Das war der übliche Tarif für einen Tagelöhner*.

Weil es aber so viel Arbeit im Weinberg gab, ging der Gutsbesitzer am Mittag und auch am Nachmittag wieder auf den Marktplatz und heuerte zusätzliche Leute an. Sie arbeiteten alle fleißig, und die Erntekörbe füllten sich. Doch gegen Abend hingen immer noch unendlich viele reife Reben an den Weinstöcken.

Da ritt der Weinbergbesitzer noch einmal los, um Erntehelfer zu holen. Die Sonne stand schon tief am Himmel, aber es warteten noch immer einige Männer beim Marktbrunnen in der Hoffnung auf Arbeit.

„Warum arbeitet ihr nicht?", fragte der Winzer.

„Weil uns noch keiner angeheuert hat", antworteten die Leute.

„Dann kommt schnell mit mir in meinen Weinberg", sagte der Gutsbesitzer.

Die Männer folgten ihm und arbeiteten im Weinberg – genauso fleißig wie die anderen, die früher gekommen waren.

Als es dunkel wurde, sagte der Winzer zu seinem Verwalter: „Rufe die Arbeiter und zahle ihnen ihren Lohn aus!"

Der Verwalter ließ als Erstes die Männer antreten, die zuletzt gekommen waren. Jeder erhielt einen Denar. Dann kamen die zum Zahltisch, die am

Morgen und am Mittag gekommen waren. Sie dachten natürlich, dass sie mehr bekommen würden, weil sie länger gearbeitet hatten. Aber sie erhielten auch nur einen Denar. Das fanden sie ungerecht. Sie beklagten sich beim Winzer: „Die Leute, die zuletzt gekommen sind, haben nur eine Stunde gearbeitet. Wir aber haben den ganzen Tag in der Hitze geschuftet und kriegen den gleichen Lohn! Das ist ungerecht!"

„Was soll da nicht recht sein? Habt ihr nicht am Morgen und am Mittag auf dem Markt mit mir diesen Lohn vereinbart? Also nehmt euer Geld und geht", sagte der Weinbergbesitzer. „Ich kann mit dem, was mir gehört, schließlich machen, was ich will. Oder seid ihr etwa neidisch, weil ich zu den anderen großzügig gewesen bin? Sie konnten schließlich nichts dafür, dass sie erst so spät Arbeit gefunden haben."

Warum erzählt Jesus dieses Gleichnis?

Die Geschichte ist nicht so leicht zu verstehen. Auf den ersten Blick erscheint einem das Verhalten des Winzers ungerecht.

Doch was Jesus mit diesem Gleichnis sagen will, ist, dass Gott nicht denkt wie ein Geschäftsmann: „Mehr Lohn für mehr Arbeit!" Das gilt in der Geschäftswelt. Aber bei Gott geht es nicht um Geschäfte. Gott denkt wie ein liebevoller Vater. Sein Angebot, zu ihm zu kommen, gilt immer und für alle. Und Gottes Lohn ist immer für alle gleich: seine Liebe und sein Segen. Er ist wie der Besitzer des Weinbergs und macht keine Unterschiede. Alle werden mit offenen Armen empfangen.

Jesus sagt: „So ist es auch mit dem Himmelreich. Diejenigen, die spät zu ihm kommen, liebt Gott genauso wie die, die immer bei ihm gewesen sind."

Der Pharisäer und der Zöllner
Lukas 18, 9–14

Der große Tempel in Jerusalem lag auf einem großen Hügel, dem heutigen Tempelberg. So konnte man ihn weithin sehen.

Einmal gingen zwei sehr unterschiedliche Männer hintereinander den Berg zum Tempel hinauf: ein Pharisäer* und ein Zöllner*. Der Pharisäer beschleunigte seine Schritte, um vor dem Zöllner am Tempel zu sein und bloß nicht gemeinsam mit ihm in den Tempelbereich einzutreten. Oder vielleicht gar mit ihm reden zu müssen. Dafür hatte der ehrenwerte Mann seine Gründe: Die Zöllner waren damals in der jüdischen Gesellschaft nicht sehr beliebt. Zum einen, weil sie den Leuten den Zoll abknöpften, das heißt, sie sammelten bei den Menschen Steuergelder ein. Und zum anderen, weil die Leute behaupteten, dass die Zollbeamten bestechlich waren und oft einen Teil des Geldes in die eigene Tasche steckten, anstatt es an die Römer weiterzugeben, die das Land zur Zeit Jesu besetzt hielten.

Die Pharisäer dagegen gehörten zu den angesehenen Leuten in Jerusalem: zu den Schriftgelehrten. Sie konnten lesen und schreiben, was damals ja nicht selbstverständlich war! Und sie kannten sich in der Tora*, der heiligen Schrift der Juden, besonders gut aus. Sie gehörten außerdem zu einer politischen Gruppe von Schriftgelehrten, die es mit der Auslegung und Einhaltung der religiösen Regeln und Gesetze besonders genau nahm. Das war ihrer Meinung nach gerade jetzt besonders wichtig, weil die römischen Besatzungssoldaten im Land waren. Die Römer waren schließlich „Heiden", die nicht an einen Gott, sondern an Jupiter und die vielen anderen Götter im Olymp – oder an gar nichts – glaubten. Diese Ungläubigen hätten am liebsten einen Jupitertempel in Jerusalem errichtet! Gegen diese „Heidenvölker" musste man zusammenhalten!

Der Pharisäer erreichte den Tempeleingang vor dem Zöllner. Er drehte sich nicht einmal mehr nach ihm um. Und der Zöllner, das muss man gerechterweise sagen, ging absichtlich langsam und hielt respektvoll Abstand zu dem gelehrten Mann. Auch im Tempelbezirk hielt er sich bescheiden im Hintergrund.

Der Pharisäer stellte sich an eine der vorderen Säulen in der Nähe des Allerheiligsten*. Der fromme Mann wollte allen zeigen, dass er eine besondere Nähe zu Gott hatte. Neben einer Säule murmelte er halblaut dieses Gebet: „Gott, ich danke dir, dass ich nicht wie die anderen Menschen bin: die Räuber, Betrüger, Ehebrecher. Oder wie dieser Zöllner da hinten. Ich faste zweimal in der Woche und gebe dem Tempel den zehnten Teil meines ganzen Einkommens."

Der Zöllner dagegen blieb mit gesenktem Haupt ganz hinten im Tempel stehen. Er schlug sich an die Brust und betete: „Gott, sei mir Sünder gnädig!"

Warum erzählt Jesus dieses Gleichnis?

Es ist klar, warum Jesus dieses Beispiel wählt: Es soll eine Mahnung an alle sein, die von ihrer eigenen Gerechtigkeit und Klugheit dermaßen überzeugt sind, dass sie auf andere herabschauen, sie sogar verachten. Das gilt nicht nur für den Pharisäer! Alle sollen begreifen, dass vor Gott alle Menschen gleich sind. Jesus erklärt das Gleichnis am Schluss seinen Zuhörern selbst und sagt: „Der Zöllner kehrt als Gerechter nach Hause. Der Pharisäer nicht. Jeder, der sich selbst erhöht, wird erniedrigt, wer sich selbst aber erniedrigt, wird erhöht werden."

Und wenn wir ehrlich sind, dann sind uns doch auch die Bescheidenen lieber als die Angeber und Kraftprotze in unserer Schule, in unserer Nachbarschaft oder in der Politik. Wenn man bei uns heute von jemandem sagt: „So ein Pharisäer!", dann meint man, dass er ein scheinheiliger Mensch ist, der denkt, er sei besser als andere. Doch Vorsicht: Wer einen anderen Menschen „Pharisäer" nennt, ohne ihn näher zu kennen, ist vielleicht selbst einer?

Das Kamel und das Nadelöhr

Markus 10,17–25

Eines Tages kam ein Mann zu Jesus, fiel vor ihm auf die Knie und sagte: „Guter Meister, was muss ich tun, um das ewige Leben zu gewinnen?"

„Warum nennst du mich gut?", fragte Jesus. „Niemand ist wirklich gut außer Gott. Und was deine Frage betrifft, so kennst du doch die Zehn Gebote? Du sollst nicht töten, du sollst nicht stehlen, du sollst deinen Vater und deine Mutter ehren …"

„Ja, die kenne ich alle und habe sie mein Leben lang befolgt", unterbrach ihn der Mann.

Da lächelte Jesus und sagte: „Dann fehlt dir nur noch eines: Verkaufe alles, was du hast. Gib dein Geld den Armen und folge mir nach!"

Da sah der Mann zu Boden und ging betrübt weg, denn er war sehr reich. Jesus sah seine Jünger an und sagte: „Für Menschen, die viel besitzen, ist es sehr schwer, in das Reich Gottes zu kommen. Eher geht ein Kamel durch das Nadelöhr, als dass ein Reicher in den Himmel kommt."

Warum erzählt Jesus dieses Gleichnis?

Jesus erklärte in seinen Gleichnissen immer wieder, dass man sein Herz nicht zu sehr an äußere Dinge wie Macht und Reichtum hängen soll. Je mehr ein Mensch besitzt, desto schwerer fällt es ihm, sich davon zu trennen oder auf etwas zu verzichten.

Mit dem Nadelöhr-Vergleich bezog Jesus sich übrigens nicht auf das winzige Loch in einer Nähnadel, sondern auf eine kleine Pforte in der Stadtmauer Jerusalems, durch die man nur mit Mühe hindurchschlüpfen konnte. Für einen Kaufmann mit seinem reich beladenen Kamel war es unmöglich, hindurchzukommen. Ein Kind oder ein Wanderer jedoch, die bescheiden zu Fuß daherkamen, gelangten durch dieses „Nadelöhr" leicht in die Stadt hinein. Die mit Handelswaren beladenen Kamele der reichen Kaufleute waren allen Zuhörern ein Begriff, und das enge Tor in der Stadtmauer kannten alle in Jerusalem. So war das ein sehr anschauliches Bild dafür, wie sehr Besitz und Reichtum Menschen auf ihrer Lebensreise behindern können.

Vom Senfkorn und vom Sauerteig

Markus 4,30–32; Lukas 13,18–19 und 20–21; Matthäus 13,31–32 und 33

Immer, wenn Jesus vom Reich Gottes predigte, hatten die Leute viele Fragen.

„Wie groß ist es?"

„Wie sieht es aus?"

„Kannst du es näher beschreiben?"

Aber das Reich Gottes ist unbeschreiblich – unbeschreiblich groß, ewig und überall. Wie kann man die Unendlichkeit beschreiben? Die Leute drängten Jesus immer wieder, das genauer zu erklären. Da versuchte er es bei einer seiner Predigten mit zwei einfachen Bildern: mit dem Bild vom Senfkorn und dem Bild vom Sauerteig.

Das Senfkorn

Das Reich Gottes ist wie ein klitzekleines Senfkorn*, das man in seinem Garten in die Erde steckt: Es wächst und wächst immer weiter. Schließlich wird es zu einem großen Baum, in dessen stattlichen Zweigen die Vögel des Himmels nisten.

Der Sauerteig

Das Reich Gottes ist wie der Sauerteig*, den man unter einen großen Trog Mehl mischt, bis das Ganze durchsäuert ist und der Teig aufgeht.

Warum erzählt Jesus diese beiden Gleichnisse?

Diese beiden kleinen Vergleiche haben Großes in sich: Sie berichten von der Unendlichkeit! Diese Beispiele sind heute für uns ohne Erklärung schwer zu verstehen. Aber damals, als Jesus diese Gleichnisse erzählte, war das anders. Da verstanden die Zuhörer diese Bilder sofort, denn Senfkorn und Sauerteig waren Dinge, die aus dem Lebensalltag nicht wegzudenken waren. Jedes Kind war damit vertraut, denn sie waren in jeder Küche vorhanden. Und man wusste, dass es wahre Wundergaben waren, die unglaublich wuchsen und sich unendlich vermehrten: Wenn man nämlich ein winziges Senfkorn in die Erde pflanzte, dann wuchs daraus ganz schnell eine Senfpflanze, die über zwei Meter hoch werden konnte. Und sie produzierte Samen, aus denen wieder unendlich viele Senfpflanzen wachsen konnten. Eine Senfpflanze kannte damals jeder.

Ein ähnliches Wunder könnt ihr bei euch im Garten erleben, wenn ihr einen – allerdings viel größeren – Sonnenblumenkern in die Erde pflanzt und daraus über den Sommer eine riesige Sonnenblume wächst. In ihrem Blütenstand wachsen neue Sonnenblumenkerne, die wieder neue Sonnenblumen wachsen lassen können. Ein unendlicher Kreislauf. So kann aus etwas ganz Kleinem etwas Großes werden.

Ähnlich ist es auch beim Sauerteig.

40

Sauerteig verwendet man bis heute zum Brotbacken. Da die meisten Leute allerdings das Brot beim Bäcker holen, haben sicher viele Kinder (und vielleicht auch Erwachsene?) noch nie Sauerteig gesehen. Der Sauerteig hat genauso erstaunliche Eigenschaften wie das Senfkorn: Er kann sich unendlich vermehren. Wenn der Bäcker nämlich ein kleines Stückchen Sauerteig unter einen ganzen Trog Mehl mischt, ergibt das einen lockeren Teig zum Brotbacken. Sauerteig macht den Brotteig leicht, so ähnlich wie Hefe den Hefekuchen. Und jetzt kommt das Wunderbare: Wenn man von diesem Teig ein kleines Stückchen aufbewahrt und etwas Mehl und Wasser dazugibt, dann vermehrt sich der Teig von alleine – und am nächsten Backtag kann man wieder ein Stück davon unter das Mehl im Backtrog mischen, dann durchsäuert er wieder den ganzen Teig, erfüllt ihn mit Leben und lässt ihn aufgehen. So kann man den Sauerteig unendlich vermehren. Er hat praktisch ein „ewiges Leben" und ist somit ein schöner Vergleich mit der Unendlichkeit und dem Reich Gottes.

Der Schatz im Acker und die kostbare Perle

Matthäus 13,44–46

Eines Tages machte ein Mann beim Spaziergang über die Felder eine eigenartige Entdeckung. Er lief querfeldein, genoss das schöne Wetter und die warme Sonne und schaute verträumt in den Himmel. Da stolperte er über einen kleinen Erdhügel und fiel hin. Als er sich wieder aufrappelte, entdeckte er hinter dem Hügel lockere Erde und ein halb aufgegrabenes Loch. So als hätte ein Hund dort gebuddelt. Zwischen den Erdkrumen glitzerte etwas, was da nicht hingehörte! Der Mann grub mit seinen Händen etwas tiefer und legte nach und nach den Deckel einer Truhe mit silbernen Beschlägen frei. Was wohl in der Kiste war? Die Neugierde drängte ihn, nachzusehen. Es gelang ihm, die Schrauben der Scharniere mit seinem Messer zu lockern und den Deckel der Kiste zu öffnen. Und dann verschlug es ihm die Sprache! Die Truhe war voll mit Goldmünzen und wertvollem Schmuck. Er hatte einen Schatz gefunden!

Doch was sollte er jetzt tun? Er sah sich ein bisschen ratlos um. Die Truhe war viel zu schwer, um sie wegzutragen. Und außerdem gehörte ihm der Acker nicht, auf dem er sie gefunden hatte. Den Schatz einfach mitzunehmen wäre Diebstahl. Also grub er ihn schnell wieder ein und lief in die Stadt. Er musste diesen Acker kaufen! Aber wie? So viel Geld hatte er ja gar nicht. Also verkaufte er alles, was er besaß, und von dem Erlös kaufte er den Acker. Nun gehörte der Schatz ihm, und er war ein reicher Mann, der sich um nichts mehr sorgen musste.

Eine ganz ähnliche Geschichte erlebte auch ein Kaufmann, der mit wertvollen Perlen handelte. Eines Tages entdeckte er eine ganz besondere Perle. Schon auf den ersten Blick sah er, dass diese Perle wertvoller war als alle, die er je in der Hand gehabt hatte. Als er die Perle dann unter der Lupe ganz genau prüfte, wurde ihm klar: Hier hatte er einen kostbaren Schatz gefunden!

Dann handelte er genauso wie der Mann, der die Truhe im Acker gefunden hatte. Er verkaufte alles, was er besaß, und kaufte diese eine Perle – die wertvollste Perle der Welt.

Warum erzählt Jesus diese beiden Gleichnisse?

Wie wir schon bei den Gleichnissen vom Senfkorn und vom Sauerteig gehört haben, fragten die Menschen Jesus immer wieder: Was ist das Himmelreich? Was ist das Reich Gottes? Wie können wir uns das vorstellen?

Die Geschichten von den Männern, die beide etwas ganz besonders Wertvolles entdeckt haben, sollen uns wieder ein bisschen mehr über dieses „Reich Gottes" erzählen.

Das Gleichnis beginnt mit dem Satz: „Mit dem Himmelreich ist es wie mit einem Schatz, den ein Mann in einem Acker fand ..."

Vielleicht fragt ihr euch jetzt, ob das heißt, dass das Himmelreich irgendwo hinter den Wolken versteckt ist? So wie die Schatzkiste in der Erde? Aber so ist das nicht gemeint. Zunächst mal ist Gottes „Reich" nicht wie ein menschliches Königreich, zum Beispiel wie das Reich des Herodes oder des römischen Kaisers Augustus, das sich bis nach Jerusalem ausgedehnt hatte. Das Reich Gottes muss auch nicht erst gegründet werden, sondern es ist schon immer da – vom Anfang bis zum Ende der Welt. Es ist ewig und unendlich. Du kannst es nicht sehen und nicht anfassen.

Wir haben das Himmelreich gefunden und sind mittendrin, wenn wir miteinander in Frieden leben, uns gegenseitig helfen, auf unseren Nächsten und auf unsere Umwelt achten. Dann erleben wir „den Himmel auf Erden".

Die beiden Gleichnisse wollen uns also sagen, dass das Reich Gottes und die damit verbundene Lebensweise ein wertvoller Schatz sind. Wenn man den erst einmal gefunden hat, sollte man alles tun, um ihn zu behalten. Alles andere ist im Vergleich zu diesem Schatz unwichtig. Ein Leben in Frieden und Einklang mit der Natur und Nächstenliebe – das ist der größte Schatz, den wir finden können – der „Himmel auf Erden."

Die anvertrauten Talente

Matthäus 25,14–30

Ein reicher Mann wollte auf Geschäftsreise gehen. Das Schiff, mit dem er aufbrechen wollte, lag schon im Hafen. Er hatte das Nötigste gepackt, jetzt musste er nur noch dafür sorgen, dass zu Hause in seiner Abwesenheit alles gut lief. Also rief er die drei Angestellten zu sich, denen er am meisten vertraute. Sie sollten sich um das Geschäftliche kümmern, solange er unterwegs war.

„Passt gut auf mein Vermögen auf, solange ich weg bin", sagte er. „Ich möchte nicht bettelarm sein, wenn ich zurückkehre!"

Dann holte er Silbermünzen aus seiner Schatzkammer und gab dem ersten, den er für den Fähigsten hielt, einen Sack mit fünf Talenten* Silbergeld. Dem zweiten gab er zwei Talente und dem dritten ein Talent. Dann sagte er: „Wenn ich zurückkomme, möchte ich wissen, was jeder aus den ihm anvertrauten Talenten gemacht hat!"

Der Geschäftsmann verabschiedete sich und ließ seine drei Angestellten mit ihren „Talenten" zurück.

Der erste Mann, der fünf Talente bekommen hatte, investierte sie gleich in lohnende Geschäfte. Er hatte eine glückliche Hand und gewann noch mal fünf Talente dazu. Der zweite folgte seinem Beispiel und gewann ebenfalls zwei Talente dazu.

Der dritte allerdings scheute das Risiko. Er dachte: „Es ist sicherer, wenn ich das Silber vergrabe. Dann muss ich nicht darauf aufpassen und es geht nicht verloren!" Er ging an eine geheime Stelle, grub ein Loch im Boden und versteckte sein Talent darin.

Nach langer Zeit kam der Geschäftsmann von seiner weiten Reise zurück. Er rief die drei Männer zu sich, um zu hören, was aus den Talenten geworden war, die er ihnen anvertraut hatte.

Da kam der Mann, der fünf Talente empfangen hatte, legte weitere fünf Talente dazu und sprach: „Herr, du hast mir fünf Talente anvertraut. Ich habe das Geld gut angelegt und fünf Talente dazugewonnen."

„Recht so, du bist ein tüchtiger und treuer Diener und ein kluger Verwalter", sagte der Geschäftsmann. „Ich will dir eine große Aufgabe übertragen. Geh hinein und nimm teil am Festmahl deines Herrn."

Da kam der Diener, der zwei Talente bekommen hatte, und sprach: „Herr, du hast mir zwei Talente anvertraut. Ich habe gut mit dem Geld gearbeitet und zwei Talente dazugewonnen."

Sein Herr sagte zu ihm: „Gut so, du bist ein tüchtiger und treuer Diener. Du bist im Kleinen ein treuer Verwalter gewesen. Ich will dir eine große Aufgabe übertragen. Geh hinein und nimm teil am Festmahl deines Herrn."

Zuletzt kam auch der Diener, der das eine Talent erhalten hatte. Er sagte: „Herr, ich wusste, dass du ein strenger Mann bist: Du erntest, wo du nicht gesät hast, und sammelst ein, wo du nicht ausgestreut hast. Ich fürchtete mich vor dir und wollte das Geld nicht aufs Spiel setzen. Weil ich Angst hatte, habe ich dein Geld in der Erde versteckt. Hier hast du es wieder."

Sein Herr antwortete: „Du bist ein schlechter und fauler Diener! Du hast doch gewusst, dass ich ernte, wo ich nicht gesät habe, und einsammle, wo ich nicht ausgestreut habe! Hättest du mein Geld wenigstens zur Bank gebracht! Dann hätte ich nach meiner Rückkehr das Geld mit Zinsen wiederbekommen!"

Dann befahl er, dem Mann das Geld wegzunehmen und es dem tüchtigen Verwalter zu geben, der die fünf Talente so erfolgreich vermehrt hatte. „Der weiß, wie man damit umgeht. Wer hat, dem wird gegeben, wer aber nicht hat, dem wird auch noch weggenommen, was er hat."

Nach diesen Worten ließ er den Mann hinauswerfen.

Warum erzählt Jesus dieses Gleichnis?

Wenn man das Gleichnis zum ersten Mal liest, ist man verwirrt und fragt sich vielleicht: Ist das etwa eine Gebrauchsanleitung für erfolgreiche Manager und Geschäftsleute? Nein, das ist es nicht, sondern vielmehr die Ermahnung zu einem sinnvoll genutzten Leben, in dem wir die Begabungen und Fähigkeiten, die wir erworben oder in die Wiege gelegt bekommen haben, sinnvoll einsetzen.

Zum Verständnis der Geschichte hilft uns auch unser heutiges Wort „Talent". Es kommt nämlich genau von dieser Bibelgeschichte! Heute verstehen wir unter „Talent" eine besondere Begabung. Man spricht zum Beispiel von einem talentierten Fußballspieler oder Schauspieler oder von einem Musiker oder einer Sängerin mit besonderem Talent. Auch in der Schule heißt es oft: „Er oder sie hat (kein) Talent für Sprachen, Kunst, Sport oder Mathe."

Aber Talent allein genügt nicht. Man muss sein Talent auch pflegen. Ohne diszipliniertes und hartes Training schafft es kein noch so begabter Fußballer zum Profisport. Bei Musikern sieht das ähnlich aus. Und auch ein Mathegenie wie Albert Einstein musste erst mal in der Schule lesen und schreiben lernen. Jeder Mensch hat Begabungen und sollte sie nutzen: Der eine kann gut mit Menschen umgehen, der andere gut mit Zahlen oder mit Tieren. Ein anderer kann schön singen, tanzen, basteln oder organisieren.

Zu der Zeit, als Jesus lebte, konnte man ein „Talent" anfassen: Es war ein dicker Klumpen Silber und wog 41 Kilogramm. Zehn Talente, das waren also 410 Kilogramm Silber oder Silbermünzen! Das war ganz schön wertvoll. Genauso wertvoll wie eine besondere Begabung oder Fähigkeit. Die ist auch heute – im wahrsten Sinn des Wortes – nicht nur Silber, sondern sogar „Gold wert". Die Menschen sollen sich also nicht faul zurücklehnen und ihre Talente verstecken, vergraben und verkümmern lassen. Sie sollen etwas daraus machen! Das ist der Kern dieser Geschichte!

Der unbarmherzige Gläubiger

Matthäus 18,23–35

Ein König rief eines Tages seine Hofbeamten zusammen, weil er wissen wollte, wie sie das königliche Geld ausgegeben hatten. Am Tag der Abrechnung brachte man einen Hofbeamten zu ihm, der 10 000 Talente* für sich selbst abgezweigt hatte, die er nun dem König schuldete.

„Das ist Unterschlagung", brummte der Justizminister.

„Das Geld muss er aus seiner eigenen Tasche zurückzahlen!", forderte der Finanzminister.

„Das kann ich nicht! Habt Mitleid", jammerte der Mann.

„Dann verkaufe dein Haus und alles, was du hast, und begleiche die Schuld!", befahl der Finanzminister. „Oder es geht dir an den Kragen!"

Da fiel der Mann vor dem König auf die Knie und flehte ihn an: „Bitte, habt Geduld mit mir, Herr! Ich werde alles zurückzahlen, so schnell ich kann!"

Da hatte der König Mitleid mit dem Mann, ließ ihn gehen und erließ ihm seine Schuld.

Als der Mann aus dem Palast ging, traf er auf einen anderen Diener des Königs – einen Sklaven*, der ihm 100 Denare* schuldig war. Die hatte der Mann dem Sklaven vor einiger Zeit in der Kneipe geliehen, als der seine Schulden beim Wirt nicht bezahlen konnte. Der Hofbeamte packte ihn am Kragen, würgte ihn und rief: „Bezahl sofort, was du mir schuldig bist!"

Da fiel der Mann vor ihm nieder und flehte: „Bitte, habt Geduld mit mir, Herr! Ich werde alles zurückzahlen, so schnell ich kann!"

Der Hofbeamte aber hatte kein Mitleid mit ihm! Er ließ ihn ins Gefängnis werfen. Dort musste er so lange bleiben, bis er die Schuld bezahlt hatte.

Als die Beamten des Königs davon erfuhren, waren sie sehr betroffen. Sie konnten den Mann nicht verstehen, dem gerade seine Schuld erlassen worden war und der gleich darauf so hart gegenüber seinem eigenen Schuldner war. Sie gingen zum König und berichteten ihm, was geschehen war.

Da ließ der König den Beamten rufen und sagte zu ihm: „Was bist du für ein elender Mensch? Deine ganze Schuld habe ich dir erlassen, weil du mich so angefleht hast. Hättest nicht auch du mit dem Mann, der genau wie du in meinem Dienst steht, Erbarmen haben müssen, so wie ich mit dir Erbarmen hatte?" In seinem Zorn übergab er den unbarmherzigen Gläubiger* den Folterknechten und ließ ihn ins Gefängnis werfen, bis er die ganze Schuld bezahlt hatte.

Warum erzählt Jesus dieses Gleichnis?

Diese spannende Geschichte könnte man gut als Theaterstück nachspielen. Erste Szene: der Schuldner, der den König wortreich anfleht, seine Existenz, sein Leben, nicht zu zerstören. Der König hat Mitleid mit dem Mann. Er gibt ihm eine zweite Chance, weil er weiß, dass jeder Mensch Fehler macht. Er erlässt dem Mann all seine Schulden, damit dieser wieder ganz neu anfangen und aus seinen Fehlern lernen kann.

Zweite Szene: Jetzt ist der Mann, dem alle Schulden erlassen wurden, in der gleichen Position wie der König. Er könnte dem Sklaven auch alle Schulden erlassen. Aber leider folgt er nicht dem guten Beispiel des Königs, sondern geht mit seinem Schuldner unbarmherzig um und lässt ihn sogar ins Gefängnis werfen.

Wenn man die beiden Szenen direkt hintereinander betrachtet, wird man genauso wütend wie die Beamten des Königs. Dabei tut der Mann ja eigentlich nichts Unrechtes. Es ist sein gutes Recht, sein Geld von dem Sklaven einzufordern. Zumal er ja dringend darauf angewiesen ist, wieder zu Geld zu kommen, um seine eigenen Schulden zu bezahlen. Trotzdem spüren wir: Es ist nicht gut, was der Mann da tut.

Jesus erzählt dieses Gleichnis auf die Frage von Petrus:

„Herr, wie oft muss ich einem anderen Menschen verzeihen? Sieben Mal?" Jesus antwortet ihm: „Nicht sieben Mal, sondern siebenundsiebzig Mal."

Und dann erzählt er diese Geschichte vom Verzeihen. Er will seinen Jüngern und uns damit sagen, wie wichtig es ist, dass wir immer und immer wieder bereit sind zu vergeben. Und er erzählt mit dem Gleichnis noch etwas ganz Wichtiges: Gott ist zu uns wie der König in der Geschichte. Er erlässt uns unsere Schuld, wenn wir ihn darum bitten. Gott gibt uns immer wieder eine Chance, aus unseren Fehlern zu lernen. Und genau so sollen wir es auch mit anderen machen. „Und vergib uns unsere Schuld, wie auch wir vergeben unseren Schuldigern", heißt es ja auch im Vaterunser.

Die Botschaft dieses Gleichnisses ist unglaublich wichtig für unser tägliches Leben. Natürlich soll man geliehenes Geld zurückzahlen. Aber es gibt auch andere „Schulden": Beleidigungen, Kränkungen, Unrecht, Irrtümer, Streit, in der Wut dahingesagte Worte ... Die soll man nicht „zurückzahlen", sondern man soll sie vergeben und verzeihen. „Notfalls siebenundsiebzig Mal!", sagt Jesus zu Petrus!

Eine einfache Verhaltensregel heißt: Behandle andere so, wie du auch behandelt werden möchtest. Wenn sich alle Menschen an diesen Grundsatz halten würden, dann gäbe es weniger Streit und Krieg auf der Welt. Verzeihen und vergeben sind ganz wichtige christliche Gebote.

Der Sämann
Lukas 8,4–8

An einem Frühlingsmorgen ging ein Sämann* über das Feld, um Weizen auszusäen. Es war ein großer Acker, an dessen Rand eine breite Straße entlangführte, auf der am Morgen viele Menschen unterwegs waren. Manche fuhren mit ihren Ochsenkarren, andere zogen ihre Wagen hinter sich her oder trieben ihre Schafe und Kälbchen zum Markt. Um sein Feld vor Straßenstaub, Wind und Erntedieben zu schützen, hatte der Bauer ringsum dornige Hecken wachsen lassen. Als er jetzt mit voller Ernteschürze über das Feld ging und in breitem Wurf die Samen ausstreute, freuten sich die Vögel. Sie folgten ihm und holten sich ihr Frühstück.

Als der Sämann allzu schwungvoll ausholte, fiel ein Teil der Körner auf die staubige Straße. Dort hatten die Samen natürlich keine Chance, sie wurden von den Menschen zertreten und von den Fuhrwerken überrollt. So war dieser Teil der Saat für den Bauer verloren.

Beim nächsten Wurf fiel eine Handvoll Saatgut in die Dornenhecken. Da konnten die Samen zwar keimen, aber dann wuchsen die Dornen über ihnen zusammen, wurden immer dichter und erstickten den Weizen im Keim.

Ein anderer Teil des Saatguts fiel auf steinigen Boden. Der Bauer bemühte sich zwar immer wieder, den Acker von Steinen zu befreien, doch beim Pflügen kamen immer wieder neue Steinbrocken hoch, die er am Ackerrand sammelte. Auch da hatten die Samenkörner wenig Chancen. Die kleinen Pflänzlein konnten zwar aufgehen und ein wenig wachsen, aber als die Sommerhitze kam, verdorrten sie zwischen den Steinen.

Der größte Teil der Samen fiel zum Glück auf den lockeren und fruchtbaren Boden im frisch gepflügten Acker. Hier ging die Saat auf und brachte ein großes Feld mit reicher Ernte hervor. Als der Bauer im Herbst auf das Feld ging, war er sehr zufrieden mit dem, was er sah.

Warum erzählt Jesus dieses Gleichnis?

Jesus hatte sich an jenem Tag mit seinen Jüngern im Schatten eines Baumes niedergelassen. Viele Leute waren gekommen und bestürmten ihn mit Fragen, die er geduldig beantwortete. Die meisten stammten aus den umliegenden Dörfern. Daher wählte er mit der Sämann-Geschichte ein Beispiel aus der Landwirtschaft. Er möchte den Zuhörern anschaulich erklären, wie wichtig es ist, dass Gottes Wort „auf fruchtbaren Boden" fällt, dass es wie ein Samen keimt, aufgeht, Früchte trägt und „nicht im Keim erstickt wird." Das sind Redewendungen, die sich bis heute gehalten haben. Die Menschen sollen Gottes Botschaft nicht nur hören, sondern auch danach handeln, damit „die Saat aufgeht".

Einige der Zuhörer verstanden den Vergleich mit dem Saatkorn und dem Wort Gottes nicht sofort. Sie dachten, was erzählt er uns vom Säen? Das wissen wir doch alles. Deshalb erklärte Jesus noch einmal ganz deutlich, dass das mit dem Saatkorn bildlich gemeint ist und worauf es bei der Geschichte ankommt:

Der Samen ist das Wort Gottes. Auf den Weg fällt der Samen bei denen, die nicht an Gott glauben. Bei ihnen wird der Samen nicht aufgehen. Andere haben zwar gut zugehört, aber der Samen fällt auf felsigen Boden: Sie glauben ein bisschen, aber ihr Glaube hat keine Wurzeln. Und wenn es darauf ankommt, fallen sie vom Glauben ab. „Unter die Dornen" ist das Wort Gottes bei denen gefallen, die seine Botschaft zwar gehört haben, aber bei denen der Glaube nicht reift: Ihr Glaube wird nach und nach erstickt von ihren Alltagssorgen, von ihren Ängsten und auch dem Streben nach immer mehr Reichtum oder Absicherung. Über alldem vergessen sie ihren Glauben. Auf fruchtbaren Boden ist das Wort Gottes allerdings bei den Menschen gefallen, die es mit aufrichtigem Herzen hören und danach leben.

Der reiche Kornbauer

Lukas 12,13–21

Ein reicher Kornbauer stand zur Erntezeit auf dem Hügel hinter dem Haus und blickte zufrieden auf seine Felder. In diesem Jahr trugen die Halme richtig dicke Ähren. Dicht an dicht reifte das Getreide. Es lag vor ihm wie ein goldener Teppich. Das erfüllte ihn mit Stolz und Freude. In zwei, drei Wochen sollte alles geerntet werden. Jetzt fragte er sich allerdings: Wohin mit der bevorstehenden üppigen Ernte? Es war so viel, dass er nicht genug Platz dafür in seiner Scheune hatte.

Als er wieder zu seinem Haus zurücklief, machte er Pläne, wie er den Erntesegen am besten bewältigen könnte. „Ich werde die alte Scheune abreißen und schnell eine neue, größere errichten lassen", überlegte er. Beim Weiterlaufen stolperte er und wäre fast auf die Nase gefallen. So eilig hatte er es plötzlich, nach Hause zu kommen und seine Pläne in die Tat umzusetzen.

Auf dem Gutshof angekommen, rief er als Erstes seinen Verwalter und verkündete: „Die Ernte fällt in diesem Jahr besser aus als je zuvor. Wir brauchen neue Vorratsspeicher. Und das ganz schnell." Er beauftragte ihn, für Baumaterial zu sorgen und genug Arbeitskräfte anzuheuern, damit es rasch ging.

„Drei oder vier Scheunen vielleicht?", überlegte er und zeichnete mit Kreide einen Lageplan auf den Tisch. „Hier und hier und hier! Darin werden wir die ganze Ernte sammeln. Dann haben wir reichlichen Vorrat, und ich kann im Winter verkaufen, wenn der Peis hoch ist. Das reicht für viele Jahre!"

Der Verwalter versprach, sich sofort um alles zu kümmern.

Die Familie des Bauern saß schon beim Abendessen. „Esst und trinkt und freut euch des Lebens!", rief er vergnügt allen zu. Er selbst hatte keinen Hunger, so aufgeregt war er. Dann stieg er auf das flache Dach seines Hauses und sah in die weite Landschaft hinaus. „Das alles ist meins!", murmelte er stolz. „Und was mir noch nicht gehört, werde ich dazukaufen!"

Da sah der Bauer in der Ferne schwarze Gewitterwolken heraufziehen. Sie kamen bedrohlich näher. Es blitzte und donnerte. Er wollte weglaufen, aber da hörte er Gottes Stimme, die sagte: „Du Tor! Diese Nacht noch wird man dein Leben von dir fordern. Wem aber wird gehören, was du angesammelt hast?"

Jesus beendete das Gleichnis mit dem Satz: „So geht es dem, der für sich Schätze sammelt, aber vor Gott nicht reich ist."

Warum erzählt Jesus dieses Gleichnis?

Auch für dieses Gleichnis gab es einen besonderen Anlass: Eines Tages kam ein aufgeregter junger Mann auf Jesus zugelaufen und rief: „Herr, ich brauche deine Hilfe, deinen Rat! Es geht um das Erbe unseres Vaters. Bitte sag meinem Bruder, er soll das Haus und den Hof mit mir teilen! Es ist ungerecht, dass er alles bekommt! Schließlich habe ich mich genauso immer um alles gekümmert wie er!"

Der Mann war zornig und empört, weil er sich ungerecht behandelt fühlte. Dazu muss man wissen, dass es damals üblich war, dass der Erstgeborene den Hauptanteil des Erbes bekam, wenn der Vater starb – mindestens doppelt so viel wie der jüngere Bruder. Noch schlechter waren die Mädchen dran. Die erbten gar nichts, wenn sie Brüder hatten. Auch die Witwen gingen leer aus, wenn der Hausherr nicht rechtzeitig Vorsorge getroffen hatte.

Mit seiner Geschichte macht Jesus deutlich, dass es nicht auf Geld und Gut ankommt, sondern darauf, dass man ein anständiger Mensch ist, der durch seine guten Taten vor Gott reich ist und „Schätze im Himmel" sammelt. Besitz ist kein dauerhafter Reichtum und kein wirkliches Glück.

„Ich bin hier weder ein Richter noch ein Schlichter", sagte Jesus. „Ich kann dir und auch allen, die uns zuhören, nur einen guten Rat geben: Hütet euch vor jeder Art der Habgier. Das bringt euch nur Unglück. Denn der Sinn des Lebens besteht nicht darin, dass ein Mensch ein großes Vermögen ansammelt und im Überfluss lebt!"

Der junge Mann hörte aufmerksam zu. Nachdenklich sah er auf Jesus. Dann ging er nach Hause und dachte darüber nach, was Jesus gesagt hatte. Ob er sich danach mit seinem Bruder versöhnt hat? Das wissen wir nicht.

Man kann die Botschaft dieser Geschichte im übertragenen Sinn auch auf unser tägliches Leben anwenden. Wie oft hört man unter Geschwistern den Satz: „Immer kriegt der/die alles und ich nicht!" Oder ein Kind beschwert sich, dass alle in der Klasse tolle Klamotten oder mehr Taschengeld bekommen. Und oft hört man heute den Satz: „Alle haben ein Handy, nur ich nicht!"

Aber worauf kommt es bei guten Freunden wirklich an? Auf ihren Charakter kommt es doch an und nicht, welche Klamotten sie anhaben. Nicht, was einer besitzt, nicht, welches Auto er fährt, ist wichtig, sondern wie es im Herzen aussieht. Das allein zählt.

Mit diesem Gleichnis erinnert Jesus wieder einmal daran, dass es im Leben nicht auf die äußeren Dinge ankommt, sondern auf die inneren Werte.

Das Festmahl

Lukas 14–24

Ein Mann lud einmal viele Gäste zu einem großen Festmahl ein, das er lange geplant und vorbereitet hatte. Als der Tag gekommen war, wurden Tische, Bänke und Stühle im Festsaal aufgestellt und festlich gedeckt. In der Küche brutzelte das Essen auf dem großen Herd in riesigen Töpfen. Die Köche dekorierten die Platten und Schüsseln mit den leckeren Vorspeisen.

Da kamen auch schon die ersten Gäste. Als sie an den Tischen saßen, ließ der Gastgeber prüfend den Blick schweifen. Überrascht stellte er fest, dass Leute fehlten, die ihm besonders wichtig waren! Hatten sie den Termin vielleicht vergessen? Wichtige, viel beschäftigte Leute vergessen schon mal einen privaten Termin. Sicherheitshalber schickte der Gastgeber einen Boten durch die Stadt, der die fehlenden Gäste an die Einladung erinnern sollte.

Im Orient liebt man große Feste! Es ist eine Ehre, zu so einer großen Feier eingeladen zu werden – und eine Beleidigung für den Gastgeber, wenn man nicht kommt. Da braucht man schon eine gute Ausrede. Sonst ist der Gastgeber tief gekränkt.

Die Gäste, die der Einladung des Gastgebers nicht gefolgt waren, hatten den Termin einfach verschwitzt. Und das war ihnen jetzt peinlich. Daher gaben sie dem Boten schnell erfundene Ausreden mit auf den Rückweg.

Der Erste sagte: „Ich habe gerade einen Acker gekauft und muss jetzt gehen, um ihn zu besichtigen. Bitte entschuldige mich!"

Ein anderer sagte: „Ich habe fünf Joch* Ochsen gekauft und bin auf dem Weg, sie mir genauer anzusehen. Bitte entschuldige mich!"

Wieder ein anderer sagte: „Ich habe gerade geheiratet und kann deshalb nicht kommen!"

Der Diener kehrte zurück und berichtete alles seinem Herrn. Da wurde der Gastgeber zornig. Er fühlte sich in seiner Ehre gekränkt. Außerdem erkannte er, dass das alles ziemlich faule Ausreden waren: Einen Acker kauft man doch nicht so nebenbei wie eine neue Jacke. Den besichtigt man schließlich, bevor man ihn kauft. Und auch fünf Joch Ochsen, das heißt zehn teure Rinder, die sieht man sich doch vorher an, bevor man so viel Geld für sie ausgibt! Und der

Glückliche, der vor Kurzem geheiratet hat, der hätte doch seine Frau mitbringen können!

Der Gastgeber blickte mit gerunzelter Stirn auf die vollen Schüsseln und die leeren Plätze. Dann befahl er seinen Dienern: „Lauft auf die Straßen und Gassen der Stadt und holt die Armen und Krüppel, die Blinden und die Lahmen herbei. Sie sollen sich heute satt essen."

Die Diener liefen los. Bald darauf meldete einer von ihnen: „Herr, dein Auftrag ist ausgeführt. Aber es ist immer noch Platz für viele."

Da sagte der Hausherr: „Dann lauft auf die Landstraßen und an die Zäune und Mauern vor der Stadt. Bittet die Leute hereinzukommen, damit mein Haus voll werde."

Und so war der Festsaal am Ende gefüllt mit einer bunt zusammenge-mischten Schar von Leuten, die schon lange kein so gutes Essen mehr ge-sehen hatten. Der Hausherr schaute in die glücklichen und dankbaren Ge-sichter seiner ungeplanten Gäste und war selbst ganz zufrieden. Doch als er an die dachte, die ihn mit Lügen und Ausreden abgespeist hatten, wurde er richtig wütend und sagte zu seinen Dienern:

„Das aber sage ich euch: Keinen von denen, die eingeladen waren und nicht gekommen sind, werde ich je wieder einladen."

Warum erzählt Jesus dieses Gleichnis?

Jesus lädt in seinen Predigten seine Zuhörer immer wieder zu der Botschaft von der Liebe Gottes ein, die unabhängig von Rang und Ansehen in der Ge-sellschaft für alle gilt. Für Arm und Reich, für Jung und Alt. Immer wieder verweist er darauf, dass auch die von der Gesellschaft Ausgegrenzten am Tisch Gottes willkommen sind; Menschen, die von den anderen als Sünder ge-schmäht und verachtet werden. Das kann Jesus gar nicht oft genug sagen: Die Einladung Gottes gilt auch für die Zaungäste am Rande der Gesellschaft! Je-der ist eingeladen.

In dieser Geschichte vom Festmahl stellt Jesus den Hochmut der Reichen, Angesehenen und Glücklichen der Not und dem Hunger der Ärmsten der Armen gegenüber. Die Armen, Einsamen und Kranken verspüren „Hunger" nach Gottes Wort und sehnen sich nach Trost. Die „Satten" haben Wichtige-res zu tun, als der Einladung zu folgen. Sie denken „Schon wieder eine Ein-ladung zum Essen?". Sie haben keinen „Hunger" nach der Botschaft Gottes.

Aber die Einladung Gottes gilt für alle – immer und überall. Und es ist je-dem selbst überlassen, ob er sie annimmt oder nicht ...

Die zehn Brautjungfern

Matthäus 25,1–13

Die Hochzeit war schon seit Langem geplant. Das ganze Dorf war eingeladen. Verwandte und Freunde von nah und fern wollten kommen. Die Eltern der Braut hatten Haus und Hof prächtig geschmückt, und die Eltern des Bräutigams aus dem Nachbardorf hatten das vereinbarte Brautgeld bezahlt. Für die junge Braut war die Hochzeit der wichtigste Tag in ihrem bisherigen Leben. Denn nach dem Fest würde sie sich von Vater und Mutter trennen. Sie musste dann mit allem, was sie hatte, für immer in die Familie ihres zukünftigen Mannes ziehen. So war es damals der Brauch.

Als der große Tag gekommen war, ging die Braut in die Brautkammer. Dort zog sie mithilfe ihrer Freundinnen das Brautkleid an und schmückte sich vor dem großen Spiegel.

„Was für eine schöne Braut!", riefen die zehn Freundinnen, die sie als Brautjungfern ausgewählt hatte, und bewunderten sie von allen Seiten.

Dann gingen die zehn Freundinnen fort, um sich selbst anzukleiden. Sie
hatten ebenfalls schöne Kleider bekommen, die extra für dieses Hochzeitsfest
genäht worden waren. Aufgeregt machten sie sich zurecht.

Als sie so nebeneinanderstanden, konnte man nicht sagen, welche von ihnen hübscher aussah. Nun waren die zehn jungen Mädchen zwar äußerlich
alle fast gleich schön anzusehen, aber sie unterschieden sich doch, was ihre
Umsicht und Klugheit betraf. Die Aufgabe der Brautjungfern war es nämlich,
dem Bräutigam mit Lampen vor dem Dorf entgegenzugehen, wenn er am
Abend aus dem Nachbarort eintraf. Damals gab es keine Straßenlaternen,
und so war es üblich, jemanden bei Dunkelheit „heimzuleuchten". Die Öllämpchen standen auf der Bank vor dem Haus der Braut für die Mädchen bereit.

„Wir sollten uns auf den Weg machen", sagte eine. „Die Sonne geht schon
unter."

„Ja, wir sollten dem Bräutigam jetzt entgegengehen!", stimmten ihre Freundinnen zu. Die Mädchen griffen nach ihren Öllämpchen und zogen los. Fünf
der Mädchen liefen jedoch vorher noch schnell ins Haus und nahmen vor-
sichtshalber als Reserve etwas Öl in kleinen Krügen mit. Man konnte schließlich nie wissen, wie lange man auf den Bräutigam warten musste, der ja auch
in seinem Dorf von seinen Freunden als Junggeselle verabschiedet wurde. Und
Junggesellenabschiede dauern erfahrungsgemäß oft ein bisschen länger ...

Die Sonne war längst untergegangen, da warteten die zehn Mädchen am Ortsrand noch immer vergeblich auf den Bräutigam. Als es dunkel wurde, zündeten sie schon mal die Lampen an. Und weil der Bräutigam immer noch auf sich warten ließ, schliefen sie schließlich ein.

Da erklang endlich von fern der Ruf: „Er kommt! Er kommt! Der Bräutigam kommt! Macht euch bereit, ihn zu empfangen."

Mittlerweile war es schon stockfinster. Schnell zündeten die Mädchen ihre Lampen wieder an. Aber die flackerten nur noch müde und erloschen gleich wieder. Das Öl war verbraucht! Die Mädchen, die umsichtig genug gewesen waren, Ölkännchen mitzunehmen, gossen nun das Öl in ihre Lampen und brachten sie wieder zum Leuchten.

„Gebt uns von eurem Öl", sagten die anderen Mädchen. „Unsere Lampen brennen nicht mehr."

Die Mädchen, die vorgesorgt hatten, sagten: „Das geht leider nicht, denn dann reicht es weder für euch noch für uns! Lauft schnell zu den Händlern im Bazar und besorgt euch welches."

Da liefen die fünf zum Bazar. Als sie in der Dunkelheit verschwunden waren, kam der Bräutigam. Die umsichtigen fünf Brautjungfern geleiteten ihn mit ihren hell leuchtenden Lampen zur Hochzeit. Als sie dort ankamen, herrschte längst fröhliche Stimmung im Saal. Alle hatten mit Spannung auf den Bräutigam gewartet und die Wartezeit mit Essen und Trinken verbracht.

Prächtig geschmückt trat dieser jetzt mit seiner Begleitung ein und wurde mit Jubel empfangen. Als alle im Festsaal waren, wurde die Tür hinter ihnen zugeschlossen, damit sich keine ungeladenen Gäste hereinschleichen konnten.

Als die anderen fünf Brautjungfern mit ihren Ölkännchen vom Bazar zurückkamen, klopften sie an die Tür und riefen: „Herr, mach uns auf!"

Aber sie wurden nicht eingelassen. Der Bräutigam spähte kurz durch das kleine vergitterte Fenster in der Saaltür und brummte: „Fort mit euch. Ich kenne euch nicht!"

Jesus schließt dieses Gleichnis mit den Worten: „Seid also wachsam! Denn ihr wisst weder den Tag noch die Stunde, in der der Herr kommt!"

Warum erzählt Jesus dieses Gleichnis?

Diese Geschichte steckt voller schöner Bilder, aber auch voller Probleme. Wenn wir an die anderen Gleichnisse denken, kommt uns die Reaktion des Bräutigams sicher überraschend hart vor. Eben haben wir noch von dem gütigen König gehört, der Fehler verzeiht. Und hier haben die Jungfrauen ja wirklich einen verzeihlichen Fehler gemacht – und werden so dafür bestraft. Offensichtlich geht es Jesus in diesem Gleichnis um etwas anderes.

Er zeigt uns am Beispiel der zehn Jungfrauen, was kluges Verhalten ist – und dass man manchmal eben auch für Fehler bestraft wird. Also macht es so wie die klugen Jungfrauen, sagt Jesus. Überlegt vorher!

Die klugen Jungfrauen haben vorgesorgt und sind nicht einfach losgezogen!

In unserer Zeit hätten sie vielleicht so lange auf dem Handy gespielt, bis der Akku leer gewesen wäre. Und dann hätten sie keine Energie mehr, um damit zu leuchten.

Aber hier bedeutet es noch mehr: Jesus will mit diesem Gleichnis sagen, dass jeder für sich und seine Taten selbst verantwortlich ist. Wir sollen nicht einfach so in den Tag hineinleben nach dem Motto: Wird schon gut gehen. Nein, wir sollen uns immer auch Gedanken darüber machen, welche Folgen unser Handeln hat. Damit ist dieses Gleichnis übrigens auch ein gutes Bild dafür, wie wir mit unserer Schöpfung umgehen sollten: Wir sollen klug mit unseren „Ölkännchen" umgehen, also auch mit den Ressourcen und Vorräten, die unsere Erde uns schenkt. Wenn unsere Energie verschwendet wird, die Meere verschmutzt und die Wälder abgeholzt sind, dann ist es zu spät. Dann ist die Tür zu.

Wenn Jesus sagt: „Seid wachsam, denn ihr wisst nicht, wann der Bräutigam kommt", erinnert er uns daran, dass wir jeden Tag so leben sollen, als könnte er der letzte sein. Er will uns damit sagen: Verschiebt wichtige Dinge nicht immer auf morgen. Lebt heute gut und richtig. Geht klug mit allem um, was euch anvertraut ist.

Glossar

Was ist ein Glossar?

Ein Glossar enthält Erklärungen für interessierte Hinter-die-Worte-Gucker, also für alle, die gerne mehr darüber wissen möchten, was ein Wort oder eine Bezeichnung bedeutet. Oft sind es Wörter oder Begriffe, die aus fremden Sprachen übernommen worden sind.

Dieses Glossar ist nicht alphabetisch geordnet wie andere Glossare. Es enthält für euch, in kleinen Abschnitten gegliedert, Informationen, die im Zusammenhang mit den Gleichnissen spannend sind.

Wenn du dieses Glossar liest, kannst du checken, ob du alle schweren Worte und Zusammenhänge verstanden hast.

Was bedeutet Evangelium?

Das Wort Evangelium kommt aus dem Altgriechischen und bedeutet „Frohe Botschaft". Es ist die Frohe Botschaft vom Reich Gottes, die Jesus überall predigt. Es breitet sich aus wie der Sauerteig, es wächst wie das Senfkorn. Es ist ein Schatz wie die Perle im Acker. Darüber berichten die Gleichnisse. Die vier Evangelisten haben sie für uns im Neuen Testament festgehalten.

Wer sind die vier Evangelisten?

Die vier Evangelisten heißen Markus, Matthäus, Lukas und Johannes. Diese vier Männer, die das Evangelium nach dem Tod Jesu in griechischer Sprache aufgeschrieben haben, nennt man Evangelisten. Ihre Berichte wurden mehrfach abgeschrieben und in andere Sprachen übersetzt. Sie stehen in unserer Bibel am Anfang des Neuen Testamentes und enthalten auch die Gleichnis-Geschichten von Jesus, die hier nacherzählt wurden.

Warum hat Gott keinen Namen?

Der oberste Gott der Römer heißt Jupiter, der Chef im griechischen Olymp heißt Zeus, der oberste Gott in Babylon Marduk. Der Gott Abrahams dagegen braucht keinen Namen, denn es gibt nur einen einzigen. Er wird als Herr, Vater oder König umschrieben. Respektvoll vermeiden die Juden, den Namen auszusprechen – aus Sorge, den Namen Gottes zu missbrauchen und gegen das zweite Gebot Mose zu verstoßen („Du sollst den Namen des Herrn, deines Gottes, nicht missbrauchen"). Es war strenggläubigen Juden sogar verboten, den Namen Gottes laut auszusprechen, wenn sie aus der Heiligen Schrift vorlasen.

Was ist barmherzig?

Eigentlich kann man das Wort „barmherzig" nicht besser erklären als über das Gleichnis vom barmherzigen Samariter oder das Gleichnis vom unbarmherzigen Gläubiger. Barmherzig ist jemand, der die Not anderer wahrnimmt und hilft; der ein offenes Herz für andere hat, denen es schlechter geht. „Sich erbarmen" heißt, sich um jemanden kümmern, jemandem verzeihen. Ein zum Tode Verurteilter bittet den Richter um Erbarmen. Erbarmungslos ist jemand, der rücksichtslos seine eigenen Ziele verfolgt.

Was ist ein Samariter?

So nannte man die Einwohner von Samaria. Das war das Land, das zwischen Galiläa und Judäa am Jordan lag. Seine Bewohner, die Samariter, waren ein Mischvolk aus Israeliten und Assyrern, die das Land erobert hatten. Die Juden ließen diese Mischlinge aus Samaria nicht am Gottesdienst im Jerusalemer Tempel teilnehmen, weil sie in ihren Augen keine „echten Juden" waren und den Tempel durch ihre Anwesenheit verunreinigten. Da bauten die Samariter einen eigenen kleinen Tempel auf dem Berg Garizim. Zu Lebzeiten Jesu waren Juden und Samariter verfeindet. Das Wort *Samariter* galt als Schimpfwort für einen Verräter, der vom rechten Glauben abgefallen war.

Was ist ein Levit?

Die Leviten waren Tempeldiener. Sie wurden nach ihrem Stammvater Levi benannt, der einer der zwölf Söhne Jakobs war. Während Levis elf Brüdern Landesteile zugewiesen wurden, wurden Levi und seine Nachkommen für den Tempeldienst* abgestellt.

Nach Levi ist auch ein Buch der Bibel benannt, das Buch „Levitikus". Es enthält vor allem die Regeln und Gesetze, die am Tempel wichtig waren, aber auch Gesetze für die ganze Gesellschaft.

Wir kennen den Begriff aus dem Sprichwort „Jemandem die Leviten lesen". Wenn zum Beispiel eine Mutter mit ihrem Kind schimpfen muss, weil es schon wieder nicht sein Zimmer aufgeräumt hat – obwohl das verabredet war –, dann kann man sagen: Sie hat ihm ganz schön die Leviten gelesen. Das heißt: Sie hat das Kind daran erinnert, was verabredet war, und ihm klipp und klar gesagt, dass es nicht in Ordnung war, diese Verabredung zu brechen.

Im Mittelalter wurde den Mönchen im Kloster oft während der Mahlzeiten aus dem Buch Levitikus vorgelesen. Und weil dort so viele Vorschriften und Gesetze zu hören waren, hat man irgendwann gesagt: Wenn dich jemand tadelt und dir einen langen Vortrag hält, wie du dich richtig verhalten sollst, dann „liest er dir die Leviten". Es ist, als würde er dir das ganze Gesetzbuch der Bibel, das Buch Levitikus, vorlesen.

Was bedeutet Tempeldienst?

Die Priester, die für den Tempeldienst in Jerusalem zuständig waren, mussten sich um Steuereinnahmen, Opfergaben und Abrechnungen des Tempels kümmern und wirkten beim Gottesdienst im Tempel mit. Ihr Tempeldienst begann am Morgen mit dem Rauchopfer im Heiligtum und endete mit dem Brandopfer am Nachmittag gegen 15 Uhr (vgl. Lukas 1,8–9). Der Levit aus dem Gleichnis vom barmherzigen Samariter kam also erst eine ganze Weile nach dem Dienstende um 15 Uhr bei dem Verletzten vorbei, der von den Räubern überfallen worden war.

Was ist eine Karawanserei?

Eine Karawanserei ist eine ummauerte Herberge an Karawanenstraßen, also eine Art Open-Air-Hotel für Karawanen. Im Schutz der Karawanserei konnten die Reisenden mit ihren Tieren übernachten. Das Wort stammt aus dem Persischen, wird aber überall im Orient verstanden.

Was ist die Tora?

Tora bedeutet „Lehre" oder „Gesetz". Es ist die Bezeichnung für die Heilige Schrift der Juden. Sie umfasst die fünf Bücher Mose (Genesis, Exodus, Levitikus, Numeri, Deuteronomium), die bei uns im Alten Testament in der Bibel stehen und die Geschichte des Judentums erzählen. Die Tora wird von dafür ausgebildeten Schreibern in hebräischen Buchstaben auf handgefertigtes Pergament aus der Haut koscherer Tiere geschrieben. Das Pergament wird auf zwei Holzstäben aufgerollt. Die Tora-Rolle darf nicht mit der Hand berührt werden. Ein silberner Stab, an dessen Ende sich eine kleine Hand mit ausgestrecktem Zeigefinger befindet, dient als Lesehilfe.

Was ist ein Zöllner?

Klar, das ist einer, der an der Grenze sitzt und Zoll einkassiert, werdet ihr denken – so ähnlich wie unsere heutigen Zollbeamten, die vom jeweiligen Staat für diese Aufgabe angestellt sind. Zu Lebzeiten Jesu war das aber anders. Die Römer hatten das Land besetzt. Sie verpachteten das Zoll- und Wegerecht an einheimische Privatpersonen, die sich dann oft durch überhöhte Steuerforderungen bereicherten. Kein Wunder also, dass diese Steuereintreiber bei den Menschen unbeliebt waren und keinen guten Ruf hatten. Sie wurden von ihren Mitmenschen herablassend und verächtlich behandelt und gemieden. Aber Jesus nahm auch die Zöllner in seiner Mitte auf und grenzte sie nicht aus.

Was ist ein Tagelöhner?

Tagelöhner wurden, wie der Name sagt, für einen Tag eingestellt und entlohnt bzw. bezahlt, zum Beispiel als Erntehelfer. Sie gehörten nicht dauerhaft zur Hausgemeinschaft wie die Knechte und Mägde. Nach getaner Arbeit bekamen sie ihren Lohn bar auf die Hand. Da sie keinen Besitz hatten, sondern von der Hand in den Mund lebten, hatten sie auch keine Rechte. Sie wurden von den Reichen meist geringschätzig behandelt. Der durchschnittliche Tageslohn für einen Tagelöhner betrug damals einen Denar*.

Was ist ein Sklave?

Sklaven sind Unfreie oder Leibeigene. Sie „gehören" quasi ihrem Herrn und haben keine eigenen Rechte. Oft wurden Kriegsgefangene zu Sklaven gemacht und verkauft. Das hat lange Tradition. So waren die Juden zu der Zeit Mose in ägyptischer Gefangenschaft und mussten als Sklaven beim Pyramidenbau mithelfen. Leute, die ihre Schulden nicht bezahlen konnten, kamen oft mit ihrer ganzen Familie in die Schuldsklaverei. Es gab Sklavenhandel und Galeerensklaven, die in Ketten rudern mussten, weil es damals noch keine Dampfschiffe gab. Aber es gab auch gebildete Sklaven, die Lehrer oder Ärzte wurden und durch ihre Tüchtigkeit und Klugheit Karriere machten. So ist beispielsweise der Sklave Josef, der Sohn Jakobs, zum Unterkönig von Ägypten aufgestiegen. Obwohl die Sklaverei heute offiziell weltweit abgeschafft ist, gibt es leider immer noch Menschen, die ihre Untergebenen wie Sklaven behandeln und ihre Arbeitskraft schamlos ausbeuten, um billig zu produzieren. Vielleicht habt ihr schon mal die Bezeichnung „Fair Trade" gelesen oder gehört? Durch diese Kennzeichnung versucht man, faire Arbeitsbedingungen zu unterstützen.

Was ist ein Senfkorn?

Das bekannteste Senfkorn ist der Samen aus der schwarzen Senfpflanze *(brassica nigra)*. Das ist ein Kreuzblütengewächs, das seit Menschengedenken im Mittelmeerraum kultiviert wird. Das Senfkraut, das aus dem Samen wächst, ist eine außergewöhnliche Pflanze, die in einem Jahr heranwächst und dann wieder verdorrt. Sie kann von 30 Zentimetern bis zu fast 2 Metern hochwachsen, und ihre Blätter können bis zu 30 Zentimeter breit werden. Das Senfkraut hat gelbe Blüten wie unser Raps. Die Samen reifen in grünen Schoten. Wenn unser Senf daraus gemacht wird, werden sie zerstoßen, gemahlen, mit heißem Wasser übergossen und dann mit Zucker, Essig und Gewürzen abgeschmeckt.

Was ist ein Sauerteig?

Sauerteig wird zur Lockerung von Brot und anderem Gebäck verwendet. Er lockert nicht nur durch die Gärung von Milchsäurebakterien und Hefe den Teig auf, sondern verbessert auch den Geschmack und die Haltbarkeit der Backwaren. Sauerteig gab es zu Jesu Lebzeiten in jedem Haushalt. Man bewahrte immer ein Stück älteren Sauerteig in Wasser auf und vermischte es dann mit etwas frischem Teig. So blieben die Hefebakterien erhalten, und der nächste Kuchen oder Fladen wurde auch lecker und locker. Zur Fastenzeit allerdings aßen die Juden ungesäuertes Fladenbrot, das heißt: ohne Sauerteig. Die Herstellung dieser „Matzen" erfolgte nach strengen Regeln und wurde von den Rabbinern überwacht. Dieses Fladenbrot erinnert an die Flucht aus Ägypten, als das Volk Israel so eilig aufbrach, dass keine Zeit mehr war, den Sauerteig aufgehen zu lassen. Der Sauerteig ist in den Gleichnissen ein Bild für die Unendlichkeit des Reiches Gottes.

Was ist ein Pharisäer?

Pharisäer (hebr. *peruschim*) nannte sich eine Gruppe von Schriftgelehrten. Das waren Männer, die sich in der Tora, der heiligen Schrift der Juden, besonders gut auskannten. Sie waren, genau wie die Saduzzäer, eine Gruppe von Rechtsexperten und Predigern. Die Pharisäer hielten sich streng an die Einhaltung der religiösen Gebote. Das verlangten sie auch von den anderen Juden. Wer sich nicht an die Regeln hielt, den bezeichneten sie als unrein. Das galt besonders für die genauen Anweisungen, was man essen durfte und was nicht (Reinheitsgebote) und wann man arbeiten durfte und wann nicht (den Sabbat heiligen). Immer wieder versuchten die Pharisäer, die anderen Juden von ihrer strengen Lebensweise zu überzeugen. Das war manchmal sogar Jesus zu viel, und er sagte den Pharisäern die Meinung. Der römische Soldat und Geschichtsschreiber Josephus berichtet, dass es zur Zeit des Herodes ungefähr 6000 Pharisäer gab.

Wenn man heute sagt „So ein Pharisäer!", dann meint man jemanden, der alles besser weiß und meint, dass er besser handelt als andere. Manchmal findet man die Bezeichnung „Pharisäer" auch auf der Getränkekarte eines Restaurants oder Cafés. In diesem Kontext bedeutet „Pharisäer", dass unter der Sahnehaube des Kaffees oder der Schokolade ein Schuss Rum versteckt ist. Dieses Getränk wurde in der Zeit erfunden, als Alkohol verboten war. So konnte man bei fröhlichen Hochzeitsfeiern oder Taufen auf dem Land unbemerkt einen ordentlichen Schluck Rum zu sich nehmen, selbst wenn der Pfarrer neben einem saß.

Was waren ein Denar, eine Drachme und ein Talent wert?

Die Drachme ist eine griechische Silbermünze. Sie entspricht dem Wert von einem römischen Denar (ca. 6,8 Gramm Silber).

Ein Denar war ungefähr der Lohn für einen Tagelöhner im Weinberg, wie wir im Gleichnis von den Arbeitern im Weinberg gehört haben.

4 Drachmen wiederum entsprechen einem Schekel. Und ein Talent sind 6000 Drachmen, also 3600 Schekel (41 Kilogramm Silber).

Das griechische und römische Geld verdrängte für eine Weile die traditionelle Währung der Juden, den Schekel. Schon Abraham hat in Ur und Babylon auf dem Markt mit Schekel bezahlt. Das ist eine alte babylonische Gewichtsbezeichnung. Die Babylonier hatten nämlich keine Münzen, sondern bezahlten mit Metall, das sie abwogen. Die Währung im modernen Israel ist heute immer noch der Schekel wie zu biblischen Zeiten.

Was ist ein Mastkalb?

Das Mastkalb war ein Kalb, das für besondere Anlässe „gemästet" wurde. Während die anderen Kälbchen auf der Weide ihr Futter selbst suchen mussten, sobald sie nicht mehr von der Mutter gesäugt wurden, bekam das Mastkalb (oder auch Milchkalb) zusätzlich Milch und Getreide gefüttert, damit es besonders gutes, zartes und schmackhaftes Fleisch hatte! Man schlachtete es bei großen Festen wie Hochzeiten oder für einen Ehrengast. Auch heute noch gibt es Mastkälber für die Fleischproduktion.

Was ist ein Pferch?

Vielleicht hört ihr das Wort zum ersten Mal? Begriffe aus der Landwirtschaft sind uns heute nicht mehr so vertraut. Ein Pferch ist ein mit einem Bretterzaun abgegrenztes Stück Weideland, in dem Herdentiere, zum Beispiel Schafe, für die Nacht eingesperrt werden. Zu ihrem Schutz. Damit keines wegläuft! So können der Hirte und seine Hütehunde die Herde besser vor Gefahren schützen.

Was ist ein Schweinekoben?

Der Schweinkoben ist ein einfacher Holzverschlag, in dem die Tiere gefüttert und gemästet werden.

Was ist ein Sämann?

Dieses Wort erklärt sich fast von selbst: Es bezeichnet einen Mann, der sät, also einen Bauern. Da es damals vor 2000 Jahren in Palästina nicht in jedem Dorf einen Supermarkt gab wie heute, mussten sich die Menschen vorwiegend selbst versorgen. Die meisten hatten ein kleines Stück Land, auf dem sie ihre Saat ausbrachten, also „säten", zum Beispiel Samen für Weizen oder Kräuter verteilten. Ich bin sicher, dass das auch mal die Frauen machten, aber das Wort „Säfrau" hab ich noch nie gehört.

Heute bringen meist Sämaschinen die Saat aus.

Was ist ein Gläubiger?

Ein Gläubiger ist jemand, der Forderungen an einen anderen hat. Wenn jemand einem anderen Geld geliehen hat, ist er der Gläubiger und der andere der Schuldner.

Was ist ein Joch Ochsen?

Ein Joch ist das Zuggeschirr, mit dem zwei Tiere vor einen Wagen gespannt werden. Bei fünf Joch Ochsen handelt es sich also um zehn Tiere.

Was ist koscher?

Was koscher ist, wird in der Tora erklärt. Lebensmittel, die in der Tora als koscher erklärt werden, sind zum Verzehr erlaubt. Koschere Tiere sind alle Säugetiere, die Wiederkäuer sind und gespaltene Hufe haben wie Kühe und Schafe etwa. Schweine sind nach diesem Gesetz nicht koscher.

Was ist das Allerheiligste?

Als das Allerheiligste wurde der Raum im Zentrum des Tempels bezeichnet, in dem die Bundeslade mit den Tora-Rollen stand. Den Raum durften selbst die Hohepriester nur einmal im Jahr betreten: am Jom-Kippur-Tag.